RÉFUTATION
DU MÉMOIRE
DE M. CARNOT,
ADRESSÉ AU ROI.

DE L'IMPRIMERIE DE J.-B. LEFOURNIER.

RÉFUTATION

DU MÉMOIRE

DE M. CARNOT,

ADRESSÉ AU ROI.

PAR A. GUESNET,

Capitaine de 1.re classe au Corps Royal du Génie, Chevalier de la Légion-d'Honneur, et Membre du Collége électoral du Département du Finistère.

Furor-ne cæcus, an rapit vis acrior ?
An culpa ? Responsum date.
Tacent ; et ora pallor albus inficit,
Mentesque perculsæ stupent.

HORAT. *Epod. od. VII.*

A BREST,

Chez LEFOURNIER et DEPERIERS, Libraires,
Rue Royale, n° 84.

1814.

RÉFUTATION
DU MÉMOIRE
DE M. CARNOT,
ADRESSÉ AU ROI.

Votre Mémoire au Roi, lancé parmi nous comme une fusée incendiaire par une main ennemie du repos public, est parvenu, Monsieur, jusqu'à moi, à cette extrémité de la France (*). Je l'ai lu attentivement, et je n'ai pu, je vous l'avoue, m'empêcher d'éprouver un sentiment de peine en voyant par quels faux raisonnemens et par quel renversement des principes d'une bonne législation un géomètre distingué, un tacticien fameux a pu chercher à justifier le crime dont se

(*) Brest.

sont rendus coupables ceux qui ont assassiné le meilleur des Rois, le plus vertueux des hommes.

Beaucoup de gens qui se laissent trop facilement éblouir par les apparences, ont été malheureusement séduits par vos paradoxes; ils croient qu'il suffit pour avoir raison de parler bien haut à son Souverain, et, dans un écrit, ils prennent pour de la profondeur cet étalage d'idées métaphysiques qui, réduites à leur plus simple expression, sont souvent ou absurdes ou insignifiantes. Aussi, depuis quelques jours, j'entends plusieurs personnes citer des passages de votre ouvrage comme des articles de foi; et si j'entreprends de les désabuser, c'est que je suis convaincu qu'il est du devoir de tout bon citoyen d'éclairer l'opinion publique, lorsqu'il s'aperçoit qu'elle tend à prendre une mauvaise direction.

Il y a sans doute de la témérité de la part d'un homme obscur et qui n'occupe qu'un rang assez inférieur dans l'armée, à vouloir lutter contre vous qui jouissez d'une réputation brillante sous le rapport des talens dont vous avez fait preuve dans plus d'un genre et sous celui des emplois éminens dont vous avez été revêtu; mais si Bayard fut toujours sans peur, c'est peut-être aussi parce qu'il fut toujours sans reproche, et, comme lui, je me présente dans la lice, sinon avec le sentiment de mes propres forces, du moins avec la conviction de la bonté de la cause que je défends.

Votre éditeur a soin de nous informer que *vous avez refusé huit à dix millions pour livrer le port d'Anvers.* Ce trait, quoiqu'il ne doive pas étonner d'un homme tel que vous, est néanmoins estimable, puisqu'il prouve que vous avez cette espèce de probité qui empêche qu'on ne puisse vous corrompre par l'appât des richesses; et, si elle n'est pas la seule des qualités qui constituent l'honnête homme par excellence, elle en est toutefois une des plus essentielles. Je suis certain cependant que louer votre conduite dans cette circonstance, c'est vous humilier, et que vous n'approuvez pas l'apostrophe qu'il adresse aux hommes d'état de ce siècle; car, pour être exclamatoire, elle n'en est pas plus juste. Vous avez assez bonne opinion du caractère français, pour croire que la félonie et la trahison ne s'y rencontrent que très-rarement. Mais laissons là cet ami indiscret que vous devez peut-être considérer comme un de vos plus grands ennemis, après le tour perfide qu'il vous a joué, et abordons les différens sujets contenus dans la brochure qu'il a publiée sous votre nom.

Je commencerai par vous demander quel a pu être le but que vous vous êtes proposé en rédigeant cet écrit que vous avez intitulé *Mémoire au Roi*, et auquel tout autre titre aurait certainement mieux convenu que celui que vous avez choisi? Est-ce le désir de vous disculper? Ah! Monsieur, n'était-il pas plus prudent à vous de garder le silence? Personne ne vous accusait; on ne parlait qu'avec éloge de votre courageuse résistance à la tyrannie de BUONAPARTE; on admirait la belle défense que vous avez faite à Anvers; et, si par hasard on trouvait votre nom attaché aux époques les plus désastreuses de la révolution, l'on vous plaignait et l'on se hâtait d'éloigner un souvenir si fâcheux pour votre gloire. Avez-vous eu réellement l'intention de donner des conseils à votre Souverain ? Vous n'avez pas fait alors ce que vous vouliez faire ; car on ne trouve dans votre ouvrage que des reproches, des insinuations perfides, des menaces même, et enfin des déclamations vagues sur les institutions politiques. Ainsi, de quelque manière que l'on considère les questions incohérentes que vous traitez, soit qu'on les examine isolément, soit qu'en les liant on cherche à saisir l'ensemble de votre discours, on ne trouve rien qui lui donne le ton et le caractère d'un Mémoire. Quel nom mérite-t-il donc ? Je ne me permettrai pas de le dire ; je laisse au public éclairé le soin de le définir, et je me hâte d'entrer en matière.

Nous savons très-bien que c'est du conflit d'opinions et de prétentions que naissent les discordes civiles : il n'en peut exister une autre cause ; car, si tous les hommes étaient d'accord entr'eux, il ne s'élèverait de contestations d'aucune espèce. La révolution française, préparée par une foule d'écrits purement philosophiques, dont les principes ont été en général mal compris, a été suscitée, d'un côté, par des idées de perfectionnement dans notre législation, et de l'autre, par l'ambition de quelques hommes pour qui rien n'était sacré et qui ont tenté de se mettre à la place de ceux qui les offusquaient.

Il y a eu opposition de la part des esprits judicieux qui pensaient que le mieux était l'ennemi du bien, et qu'il était à craindre qu'en cherchant à prendre en sous-œuvre l'édifice social, pour l'asseoir sur de nouvelles bases, il ne s'écroulât tout-à-fait sur eux ; or c'est ce qui est arrivé. Il y a eu encore naturellement résistance du côté de tous ceux qu'on voulait déposséder ou supplanter, et qui prétendaient se maintenir dans les droits et priviléges qu'une longue possession avait consacrés à leurs yeux.

La guerre civile a été la suite de ces prétentions opposées. Mon objet n'est point d'offrir ici le tableau des malheurs qui ont accablé notre patrie; c'est au burin de l'histoire à retracer les événemens sanglans qui se sont succédés sans interruption, jusqu'au moment où nous sommes revenus à peu près au même point d'où nous étions partis. Fatigués des essais infructueux que nous avons faits dans tous les genres de gouvernement, nous avons enfin senti que nous ne pouvions être heureux et tranquilles que sous l'antique dynastie des Bourbons.

Pour parvenir à ce but désiré, des concessions importantes ont eu lieu entre les différens Ordres qui composent la grande famille. Les uns ont reconnu que la liberté illimitée ne pouvait exister que dans l'état de nature, et qu'un pays aussi vaste que la France, dont les habitudes varient d'une manière si tranchante d'une extrémité à l'autre, n'était pas susceptible de former une République ; ils ont, d'après l'expérience du passé, sacrifié pour toujours cette idée chimérique au bien de la société. Les autres ont renoncé, de leur côté, à une partie des avantages dont ils jouissaient autrefois et qui n'étaient plus en harmonie avec nos mœurs actuelles ; ils n'ont conservé que ce qu'il y avait de plus honorable pour eux, ce qui pouvait perpétuer le souvenir des services que leurs ancêtres ont rendus à la patrie.

Cet accord de principes vraiment généreux a ramené le calme après vingt-cinq ans d'agitation. La Providence, je n'ose dire Dieu, car vous ne voulez pas qu'il préside à nos destinées, nous a donné pour nous gouverner un Prince instruit à l'école de l'adversité, qui s'est dévoué pour la France, en s'arrachant aux charmes qu'il trouvait dans la culture des belles-lettres et dans l'étude de la philosophie, et en échangeant la vie douce et paisible d'un sage contre les occupations pénibles et fatigantes d'un Roi-Législateur.

Où sont donc ces chaînes que votre imagination effrayée vous fait voir en perspective ? regardez-vous comme des entraves fâcheuses les idées d'une saine morale qui, se répandant dans toutes les classes, font à chacun apprécier les bienfaits d'un gouvernement paternel et réparateur ? Que signifient ces provocations que vous adressez à une partie des Français, et cet appel que vous faites aux sanguinaires Jacobins ? pourquoi ces accusations absurdes? pourquoi reprocher aux victimes les crimes de leurs bourreaux ?

Quoi ! ce sont les Français qui se sont ralliés autour de l'étendard royal, qui sont restés fidèles aux principes de la Monarchie, que vous-même avouez être les seuls convenables à la France, qui en fuyant l'anarchie se sont soustraits à la proscription et à la mort; quoi ! ce sont eux qui ont assassiné leur Roi ! Ah ! il faut être bien aveuglé par l'esprit de parti pour oser mettre en avant une telle inculpation ; il faut avoir une bien faible opinion du jugement de votre lecteur pour espérer de lui faire prendre le change d'une manière aussi grossière! Ainsi, des brigands traduits devant une Cour criminelle, pourraient se disculper du meurtre dont ils seraient convaincus, en alléguant qu'ils ne sont pas les vrais coupables, et en accusant les compagnons du malheureux qu'ils ont égorgé, d'être les seuls criminels, parce que, le voyant enveloppé de toutes parts, ils sont allés chercher du renfort et sont arrivés trop tard pour le sauver. Les

Jurés et les Juges ne seraient-ils pas indignés de cette impudence, et ne regarderaient-ils point un moyen de défense aussi faux, comme la preuve la plus complète de la dépravation du cœur humain?

Vous avez senti vous-même toute l'absurdité d'un pareil raisonnement; car vous vous hâtez de vous revêtir du manteau de Thémis et d'annoncer avec fierté que, comme Juges, ceux qui ont condamné Louis XVI ne devaient compte à personne de leur jugement. Mais de qui avaient-ils reçu le droit de juger, je ne dis pas seulement l'infortuné Monarque, mais un simple citoyen? Vous qui aviez la prétention de nous donner la liberté, vous deviez savoir que les fonctions de Juge et celles de Législateur ne peuvent se cumuler que dans les Gouvernemens despotiques. Aussi l'Assemblée-Législative n'avait convoqué la Convention-Nationale, par son décret du 10 Août, que pour qu'elle décidât si la Royauté serait maintenue ou abolie en France. Ce décret ne considérait le Roi que comme étant en état de suspension, jusqu'à ce que cette question fût résolue. Les Electeurs, en votant dans ce sens et en nommant des Députés, n'avaient point entendu leur donner des pouvoirs monstrueux, par cela même que ces pouvoirs étaient incompatibles entr'eux. Ceux qui ont jugé Louis XVI ont donc été des mandataires infidèles ; ils sont par conséquent coupables d'un meurtre, puisqu'il n'y a que des Juges nommés suivant les lois, à qui il appartient de prononcer sur la vie, sur l'honneur et sur la fortune des citoyens.

Mais je suppose, pour vous satisfaire, que les membres de la Convention, renonçant pour un moment aux fonctions de Législateurs, se soient constitués Juges, ils seraient pour le moins des Juges prévaricateurs et, comme tels, infâmes à jamais. Car, je vous le demande, étaient-ils des Juges scrupuleux ceux qui, violant toutes les formes judiciaires, ont accordé voix délibérative dans ce grand procès, non-seulement aux membres de la Commission chargée de présenter l'acte d'accusation et de remplacer le ministère public, mais encore à tous les Députés dont les opinions avaient été manifestées avant l'instruction, et, pour comble d'horreur, à des individus qu'un accusé aurait récusés dans les affaires les plus ordinaires? étaient-ils des Juges consciencieux ceux qui, donnant à la loi un effet rétroactif, ont prononcé contre le Roi une autre peine que celle de la déchéance, la seule qu'on pût lui appliquer d'après le pacte établi entre lui et la Nation? étaient-ils des Juges impassibles ceux qui, rugissant comme des tigres, se montraient altérés du sang de la victime? étaient-ils donc des Juges intègres ceux qui ont envoyé à l'échafaud ce malheureux Prince, à la faible majorité de cinq voix?

En-vain direz-vous que c'est une erreur de s'étayer de ces cinq voix, et que toute la France demandait alors qu'on exerçât un grand acte de rigueur. Vous en donnez pour preuve les adresses qui vous étaient envoyées de tous les Départemens. On sait à quoi s'en tenir sur ces adresses; rien d'ailleurs de plus facile que d'en obtenir dans tous les temps. Non, la Nation n'est point complice du crime de ses Représentans ; ils ont , en rejetant l'appel au Peuple , rendu hommage à sa justice et à son équité : ils savaient trop bien que Louis était sauvé si son sort avait dépendu de la volonté générale.

C'est pour échapper à des questions aussi pressantes, dont la solution ne peut être qu'accablante pour ceux qui, dans cette circonstance, se sont laissé emporter par les passions les plus violentes, et qui, Mandataires infidèles ou Juges iniques, ont imprimé sur leur front le sceau de l'infamie ; c'est de crainte que nos yeux ne restent trop long-temps fixés sur l'horrible spectacle d'un Roi égorgé par ses sujets, que, par une tactique adroite, vous vous pressez de nous ramener aux causes qui ont produit cette épouvantable catastrophe.

Vous reprochez d'abord aux Parlemens les fautes qu'ils ont commises à plusieurs époques de notre histoire, et l'imprudence qu'ils ont eue, en dernier lieu, de demander la convocation des Etats-généraux. Il est certain que ces Corps ont été une fois infidèles à la loi salique, et que souvent ils ont cherché à empiéter sur l'autorité royale. Rien, il faut en convenir, n'était plus impolitique à eux que d'appeler les Ordres de l'Etat à délibérer sur les affaires publiques, dans un moment où la fermentation qui régnait dans tous les esprits devait leur en faire connaître le danger. Mais s'ils ont eu des torts, si dans quelques occasions ils sont sortis de leurs attributions, si même par leur imprévoyance ils ont fait éclore les germes de notre terrible révolution, il faut avouer aussi qu'il y a loin de l'erreur au crime, et, pour être juste, on ne doit pas oublier que, par leur courage à défendre les intérêts de la Nation, les membres de ces aréopages ont mérité quelquefois qu'on leur décernât le titre de *Pères du Peuple*.

Vous prétendez ensuite que la Noblesse et le Clergé ont occasionné la dissolution du Gouvernement monarchique, en refusant de renoncer à des prérogatives anciennes, et surtout d'accéder à l'égalité des impôts. Ce reproche, je l'entends faire encore tous les jours par des gens chez qui l'esprit d'égoïsme et d'intérêt personnel est porté au plus haut degré, et qui, s'ils avaient été membres de l'un de ces deux Ordres, auraient eu beaucoup de peine à consentir à ce qu'on leur enlevât des avantages dont ils jouissaient de temps immémorial. Cependant on se rappèle que, lors de l'assemblée des Notables, le bureau présidé par MONSIEUR, Comte de Provence, actuellement notre Souverain, fut le seul qui vota pour que le Tiers-Etat eût aux Etats-généraux autant de Députés que les deux Ordres réunis; on peut citer encore la lettre que tous les Pairs ecclésiastiques et laïques écrivirent au Roi le 5 Décembre 1788, et par laquelle ils exprimaient le vœu solennel de supporter toutes les charges publiques dans la proportion de leur fortune, ne doutant pas que ce vœu ne fût adopté par tous les Gentilshommes français. Enfin l'Assemblée-Nationale avait, par son décret du 4 Août 1789, et du consentement même des parties qui pouvaient avoir un intérêt contraire, converti en loi la répartition égale des impôts, la suppression des droits féodaux et l'admission aux emplois sans être obligé de faire preuve de noblesse. Louis XVI fut alors proclamé *le Restaurateur de la liberté française !*

Si cette assemblée avait été animée de l'amour de la patrie et non poussée par un esprit de faction, si elle avait voulu le bien général, elle se fût arrêtée après avoir obtenu ces points importans; elle n'eût pas alors servi d'instrument à l'ambition, et elle n'eût pas été entraînée par le génie de la destruction.

Ainsi, il faut conclure de tous ces faits que les trois Ordres de l'Etat ont eu des torts réciproques et ont manqué également de prudence et de sagesse; mais les crimes ne doivent être imputés qu'à ceux qui les ont commis, et non à ceux qui n'ont pu les empêcher. Une Nation, qui ne sait point être généreuse dans la victoire, n'est pas en état de se gouverner par elle-même. Le Peuple romain a donné un bel exemple de modération, lorsqu'après avoir arraché au Sénat la loi qui remplaçait l'autorité consulaire par celle des Tribuns militaires, il nomma pour la première fois trois Patriciens, quoique plusieurs Plébéïens distingués se fussent présentés comme candidats. Il fallait imiter une si noble conduite, ou ne pas entreprendre ce qui était au-dessus de nos forces.

Il serait inutile de développer ici toutes les causes qui ont porté ou forcé plusieurs milliers de Français à se réfugier sur une terre étrangère. On sait assez que les uns ont cru obéir aux ordres du Roi et à la voix de l'honneur en se réunissant aux Princes du Sang, et que les autres ont cherché à se dérober au feu des incendiaires et au fer des assassins; on ne peut donc les appeler des transfuges, car il faudrait leur supposer des intentions de trahison dont on ne les a jamais soupçonnés. Et lorsque vous avancez qu'ils reviennent sans perte à la suite des bagages, on pourrait craindre que vous ne fussiez faché qu'ils n'aient pas tous péri, ou vous demander si vous avez trouvé le secret de ressusciter ceux qui ont succombé sur les bords du Rhin, dans la Hollande, dans la Belgique, dans la Vendée et à Quiberon.

Les Royalistes, avouons-le, même pour notre gloire, ont fait des efforts généreux pour soutenir la Monarchie ; ils ont exposé leur vie, ils ont sacrifié leur fortune, ils ont quitté leurs parens, leurs femmes, leurs enfans, qu'ils ont laissés, pour ainsi dire, en otage parmi nous : le dévouement ne peut aller plus loin. Isolés en France et privés de tout point d'appui par la captivité de Louis XVI, un grand nombre ont cru former, en se réunissant au dehors, une digue assez forte pour arrêter dans son débordement le torrent révolutionnaire. Ils ont peut-être mal calculé en abandonnant le champ de bataille, dans l'espoir de le reprendre plus facilement ensuite; mais il est certain que, dans cette manœuvre politique ou militaire, il n'y avait de leur part ni lâcheté ni perfidie. L'on ne peut donc leur reprocher de n'avoir pas sauvé le Roi, puisque cela n'a point dépendu d'eux. Il est très-certain que vous ne le pouviez pas plus qu'eux; mais était-ce bien à vous à souscrire son arrêt de mort, vous *Chevalier de St-Louis*, vous qui lui aviez prêté serment de fidélité ? et la crainte d'être victime d'un mouvement populaire devait-elle contraindre un homme d'honneur à voter contre sa conscience ?

Après un tel aveu, vous deviez vous arrêter, et toute discussion était terminée entre nous; mais, honteux de votre faiblesse, vous espérez aussitôt rehausser votre caractère et paraître moins coupable ou moins timide en vous montrant à nous sous les formes républicaines et comme un nouveau *Brutus*.

Quel que soit celui des deux hommes célèbres de ce nom auquel vous prétendez vous assimiler, vous trouverez chez l'un comme chez l'autre votre condamnation. Le premier Brutus chassa les Tarquins de Rome et ne les assassina point. Le second, en portant sur César une main parricide, commit une erreur politique, car il ne vit pas que la vertu romaine avait dégénéré ni que les mœurs de son siècle tendaient vers l'unité des pouvoirs; mais César, changeant la constitution de Rome et usurpant l'autorité suprême, n'était à ses yeux qu'un conspirateur, qu'un ennemi de la patrie. C'est sous ce point de vue que l'inflexible Caton le considérait ; c'est dans ce sens que l'éloquent Cicéron parle de la tyrannie. Jamais ces vertueux Romains ne se sont élevés contre l'autorité royale, lorsqu'elle était fondée sur la loi de l'Etat ; jamais ils n'ont conseillé de tuer les Rois, quand ils gouvernaient légitimement : plusieurs Princes furent même alliés de la République et raffermis par elle sur leur trône. La mauvaise foi la plus insigne peut seule donner une interprétation odieuse à des maximes et à des discours qui évidemment n'ont rapport qu'à l'usurpation des pouvoirs, de quelque nature qu'ils fussent ; et, quoique vous assuriez le contraire, dans nos écoles on ne nous expliquait pas autrement les écrits des anciens.

Les livres saints ne seront pas plus en votre faveur que les auteurs profanes. Le gouvernement des Juifs était théocratique, et fondé sur des lois particulières qu'on ne retrouve dans aucune autre espèce de gouvernement ; mais la personne des Rois légitimes était sacrée, quiconque attentait à leurs jours était maudit. C'est pour cela que

David, ayant pénétré dans la tente de Saül qu'il surprit endormi et sans défense, empêcha Abisaï de le percer de sa lance, en lui disant : *Qui peut sans crime porter les mains sur l'oint du Seigneur ?* C'est pour cela encore qu'il fit tuer quelque temps après l'Amalécite qui vint se vanter à lui d'avoir donné la mort à ce même Saül, quoique Saül se fût blessé mortellement et l'eût prié de l'achever. Qu'on parcoure l'ancien Testament, on verra que les grands-prêtres et les lévites combattirent constamment contre l'usurpateur pour maintenir les descendans du Roi Prophète sur le trône de Juda. Le régicide est également en horreur à l'Eglise, qui enseigne qu'*il faut rendre à Dieu ce qui est à Dieu et à César ce qui est à César*. Les Jésuites ont dans tous les temps repoussé avec indignation les maximes que leurs ennemis leur ont prêtées, et c'est à tort que vous les reproduisez sous leur nom. On ne doit jamais rendre un corps responsable de la fureur de quelques individus qui lui ont appartenu.

L'inviolabilité du Chef de l'État a toujours été un principe fondamental du Gouvernement monarchique. Le Roi est le père de ses sujets; comme tel, il doit être pour eux l'image de la Divinité. Le Législateur, en établissant cette loi, qui au reste est prise dans la nature, a eu l'intention de resserrer les liens de la société et de lui éviter des secousses continuelles, en rendant son principal ressort plus fort et moins facile à altérer. Ce qui s'est passé parmi nous ne confirme que trop cette règle de stabilité.

En effet, Louis XVI n'était point un tyran. Il a fait pour nous les plus grands sacrifices; il a suivi de son propre mouvement l'impulsion de son siècle; il a renoncé de lui-même à une partie de ses droits et de son autorité; il a voulu nous donner la vraie liberté, celle que nous étions en état de supporter; il n'a jamais eu en vue que le bonheur et la prospérité de son peuple. Ses mœurs étaient pures, et on le citait généralement comme étant le plus honnête homme de son royaume; mais eût-il été un *Tibère*, un *Caligula*, un *Néron*, qu'aurions-nous gagné en le précipitant du trône ? Les *Robespierres*, les *S.t-Justs*, les *Couthons*, les *Carriers* valaient-ils mieux que les Souverains les plus fougueux et les plus barbares que vous évoquez des annales de toutes les nations ? L'histoire de ces derniers est à la vérité marquée, à chaque page, de traits de cruauté qui font frémir la nature et qui excitent la plus grande indignation dans les âmes honnêtes ; mais qu'on examine cependant l'effet de leur caractère féroce sur la masse de la population soumise à leur empire, on verra assez communément que les victimes étaient prises dans le nombre des individus que l'ambition, la nécessité ou la fatalité offraient à leurs regards, et que leurs coups ne portaient point indistinctement sur toutes les classes de leurs sujets ; au lieu que nos révolutionnaires ont étendu sur nous tous un voile funèbre, ont envoyé la désolation, la terreur et la mort dans toutes les familles, ont fait couler le sang à grands flots sur presque toutes les places publiques de la France, en ont rougi plusieurs de nos fleuves et ont dévoré des générations entières.

Ainsi, nous eussions remplacé un tyran par une foule d'autres plus atroces que celui que nous eussions voulu détruire. En politique comme en morale, il est donc dangereux de chercher à changer la constitution qui nous est propre, et il y a moins d'inconvénient à souffrir d'un mal momentané, que d'avoir recours à des remèdes violens pour le faire passer trop promptement.

La force, dites-vous, décide de tout, et vous en concluez que les Jacobins ont eu raison d'abord, puis le Directoire, puis Buonaparte, et que les Bourbons peuvent avoir raison maintenant. Les hordes sauvages n'ont pas de notions de justice moins étendues; les voleurs de grand chemin n'ont pas une autre morale. La force peut bien changer le sort d'une nation, la force peut la tenir dans l'oppression et dans l'esclavage; mais la nécessité n'est que la loi du moment; car tout ce qui est violence n'est pas un droit, tout ce qui est contraire à l'intérêt général est injuste: par conséquent, les Jacobins, le Directoire et Buonaparte n'ont pas eu raison, même lorsqu'ils étaient les plus forts.

Les Bourbons ne veulent pas du même genre de force, ils fondent la leur sur l'affection des Français. Ils ne feront pas périr par année des milliers d'individus pour assouvir une insatiable cupidité, ou pour exécuter des projets gigantesques, étrangers à nos intérêts ; ils mettent au contraire tous leurs soins à faire fleurir les arts, à encourager l'agriculture et le commerce, à relever le crédit public, en acquittant scrupuleusement des dettes qu'ils n'ont point contractées, à réveiller les sentimens de vertu et de probité depuis trop long-temps amortis parmi nous ; enfin, ils veulent nous rendre puissans et heureux. Ils ont raison, et par conséquent ils possèdent la véritable force, celle qui consolide les empires.

Le retour de nos augustes Princes a excité le plus grand enthousiasme ; tous les cœurs se sont livrés à un espoir de bonheur qui se réalise tous les jours. Mais, selon vous, cela n'a pas duré ; l'enthousiasme s'est refroidi, les cœurs se sont resserrés, lorsqu'on a lu dans les gazettes le discours du Roi au Régent d'Angleterre, dans lequel il déclare que c'est à la Nation Anglaise et à son Gouvernement qu'il attribue, après Dieu, le rétablissement de sa Maison. Certes il faut convenir que voilà un enthousiasme qui s'éteint et des cœurs qui se ferment pour bien peu de chose. Quoi! un simple compliment vous porte ombrage et vous fait craindre que la France ne devienne vassale d'une puissance étrangère! Avez-vous donc oublié que c'est le sang de Charles V et de Charles VII qui coule dans les veines de notre Monarque, et pouvez-vous croire qu'un Prince qui, accablé par le malheur, a préféré tout perdre pour conserver l'honneur, puisse jamais prêter un hommage avilissant, lui qui serait retourné dans son exil plutôt que d'accepter des conditions humiliantes?

Vous ne prétendez pas non plus que le successeur de *trente-six Rois* de sa race regarde le trône de France comme son héritage. Il eût fallu peut-être, pour vous plaire, qu'il eût proclamé ne tenir ses droits que des Conventionnels seuls! Le Roi nous a flattés davantage lorsqu'il a reconnu qu'il était *désiré* par la majeure et la plus saine partie de la Nation. C'est le mot propre ; c'est la véritable expression dont il a dû se servir ; car enfin je ne crois pas que nous ayons changé la base de notre ancienne constitution. C'est la Monarchie héréditaire que nous voulons, et vous n'avez pas sans doute le projet de nous donner une Monarchie élective. Vous savez combien ce genre de gouvernement renferme d'élémens funestes et de germes de discorde ; vous aimez trop votre patrie pour lui souhaiter le sort de l'Empire romain qui, à chaque mutation d'Empereur, se transformait en une vaste arène sur laquelle les partis opposés combattaient avec fureur pour soutenir les prétentions des nombreux compétiteurs, dont les droits ne se fondaient que sur des vices odieux ou sur une distribution d'argent plus ou moins forte.

L'hérédité du trône n'est pas seulement établie par les conquérans, comme on le croit assez généralement ; elle est encore le fruit des méditations du Législateur philosophe, qui l'a fait adopter presque partout où il a institué la Monarchie. Par elle, mettant un frein à l'ambition de tous ceux qui pourraient aspirer au premier rang, on évite les convulsions auxquelles les élections donnent lieu, et l'on rend la destinée des peuples plus douce et plus durable. Si la couronne de France devenait jamais élective, c'est alors qu'il faudrait renoncer à notre indépendance. Affaiblis par nos divisions, nous ne tarderions pas à tomber sous le joug de l'étranger et à voir nos belles provinces partagées entre nos voisins.

Le Roi ne mourant jamais en France, Louis XVIII a dû succéder à Louis XVI et à Louis XVII : dès-lors il n'avait pas besoin de faire rafraîchir ses titres ; la succession était ouverte à son profit ; personne ne pouvait entrer en concurrence avec lui ; personne ne pouvait lui disputer la place d'honneur. Ceux qui pensent le contraire ne sentent point les conséquences qui résulteraient de leur principe erroné. Qu'ils songent à la Pologne et qu'ils frémissent pour eux-mêmes !

La formule qu'on a laissé subsister en tête des actes du Gouvernement, et qui est consacrée par un long usage et par l'exemple des autres nations, est encore un de vos griefs contre le Roi ; c'est, suivant vous, un des motifs qui ont arrêté l'élan de la joie publique. Je ne vois encore en cela que la suite d'un principe de stabilité ; car, si on énonçait à chaque instant que le Roi ne règne que par la volonté du Peuple, ce serait donner en même temps l'idée que cette volonté peut changer, ce serait ouvrir aux ambitieux la porte qu'on veut leur fermer, ce serait admettre dans la constitution un chancre destructeur, ce serait enfin soumettre nos destinées au caprice de la multitude, qu'on peut aveugler aisément sur ses propres intérêts. Perfectionnons, mais ne cherchons pas à tout innover ; car il y a souvent plus de sagesse qu'on ne croit dans ce qu'on a fait avant nous. Laissez donc aux prêtres renégats et aux insensés qui font profession d'athéisme, ces mouvemens convulsifs dont ils sont agités lorsqu'on prononce devant eux le nom de Dieu, et lorsqu'ils le voient placé comme l'auteur, ou, si vous l'aimez mieux, comme l'interprète de la volonté générale.

Si les conquêtes qui ont coûté tant de sang à la France, nous ont échappé, est-ce bien le Roi qu'il faut en accuser? ne sont-ce pas les folies et la politique astucieuse de Buonaparte qui ont attiré l'étranger parmi nous? Louis n'est-il pas venu, au contraire, comme médiateur entre ses sujets et toute l'Europe, arrêter par son noble caractère l'esprit des vengeances et des représailles? n'est-ce pas en prenant son nom pour cri de ralliement que nous avons détourné la foudre prête à nous écraser, et que nous avons fait tomber les armes des mains des ennemis du dernier Gouvernement? Car ce n'était pas nous qu'ils cherchaient; ils savaient que nous étions opprimés comme eux, et que depuis long-temps nous désirions rompre nos chaînes.

Au surplus, qu'avons-nous perdu? des peuples qui ne voulaient pas de nous et dont les mœurs sympathisaient peu avec les nôtres. Les Belges et les Allemands de la rive gauche du Rhin ont, à ce qu'on assure, changé d'avis depuis et regrettent d'être séparés de nous. Cela est possible, et rien n'est plus flatteur pour notre Monarque, car personne ne sait mieux que vous combien ils détestaient le gouvernement qui a précédé le sien. Les regrets qu'ils témoignent maintenant, sont un hommage qu'ils rendent à ses vertus et à ses grandes qualités.

La France, telle qu'elle était autrefois, a toujours fait un grand poids dans la balance politique; pourquoi ne serait-elle pas encore prépondérante, lorsqu'on a appris plus que jamais à apprécier le génie entreprenant de ses belliqueux enfans? Nous pouvons croire, sans être trop vains, qu'il n'y a pas une puissance qui ne craigne de les appeler à de nouveaux combats; on sait que ce qu'ils ont fait, ils le pourraient faire encore.

Il est sans doute avantageux pour un pays d'avoir des limites naturelles, mais c'est sur-tout lorsqu'elles sont formées par des mers ou par des chaînes de montagnes inaccessibles, comme les Pyrénées et les Alpes. Un fleuve qu'on peut passer avec la plus grande facilité, ainsi que l'expérience l'a prouvé tant de fois, ne saurait avoir la même importance aux yeux d'un homme d'état. Les places fortes de Vauban, bien entretenues et perfectionnées d'après l'excellent systême que vous nous avez donné, seront une barrière moins facile à franchir que n'était le Rhin, qui seul était insuffisant.

L'ancienne France, riche en productions de tous les genres, peut se passer d'une augmentation de territoire qui ajoute peu à ses ressources. En rentrant en possession de nos colonies, nous avons plus obtenu que nous n'avons perdu en cédant nos conquêtes.

Ces considérations, auxquelles je crois inutile de donner de plus grands développemens, n'ont point échappé à un esprit aussi judicieux que le vôtre. La passion seule vous a rendu injuste. Vous regrettez que la position particulière dans laquelle vous vous trouvez, ne permette pas à un BOURBON d'accepter vos services et de vous mettre à même d'être encore utile à la patrie. Il n'est personne qui ne partage vos regrets, et qui ne sache tout ce que vous valez; mais tel est l'ascendant des convenances qui dérivent des sentimens les plus épurés; qu'on ne peut s'empêcher d'approuver la conduite du Roi. C'est en vertu de ce Testament, monument éternel de bonté et de grandeur d'âme, c'est pour obéir aux dernières volontés de son auguste Frère, qu'il a pardonné à tous ceux qui ont contribué directement à sa mort. Il leur laisse leur fortune, leurs pensions, leurs titres honorifiques; la clémence doit-elle aller plus loin sans devenir complicité? Ne serait-il pas scandaleux, pour ne rien dire de plus, de voir le trône de St *Louis* entouré des meurtriers de sa famille?

Vous-même interrogez votre conscience et dites si, indépendamment de toute autre considération, vous auriez assez peu de pudeur pour recevoir dans votre société celui qui aurait seulement fait une injure grave à l'un de vos plus proches parens, pour avoir même avec lui les relations les plus ordinaires? vous éviteriez sa présence, et vous vous croiriez généreux en ne vous vengeant pas lorsque vous en auriez les moyens. Le pardon qu'on a accordé n'a donc produit que des ingrats ? Il a ulcéré les cœurs des coupables, tandis qu'il devait les pénétrer de la plus vive reconnaissance, et les forcer au repentir ou au moins au silence.

Les Régicides ne sont pas, il est vrai, les seuls qu'on ait écartés des fonctions publiques; presque tous les Administrateurs ont été ou changés ou remplacés. Le Roi n'a fait en cela que répondre au désir de ses peuples. L'opinion publique, à l'époque de la restauration, repoussait avec force tous ceux qui avaient été les instrumens de la tyrannie, et auxquels elle reprochait d'avoir, soit par un excès de zèle, soit par crainte, outrepassé la sévérité des mesures ordonnées précédemment pour les levées d'hommes et d'argent. Les citoyens n'auraient pu voir, sans une grande défiance, les mêmes hommes qui avaient été pour eux la verge de fer, continuer à administrer sous un Prince qui annonçait l'intention formelle de cicatriser nos plaies et de faire succéder un gouvernement paternel au plus dur de tous les régimes.

Mais les Magistrats qui, sans jamais dévier, ont tenu la ligne de leurs devoirs, et ont traversé courageusement toutes les phases de la révolution, ont été maintenus dans leurs places ; ils ont même reçu des récompenses et des témoignages éclatans de satisfaction. On leur a obligation, sinon d'avoir empêché tout le mal qui s'opérait, du moins de ne l'avoir point aggravé.

L'homme de bien, quelle que fût son opinion dans certaines circonstances, n'a jamais persécuté ceux qui ne pensaient pas comme lui ; on doit donc le distinguer de celui qui a été assez fanatique et assez intolérant pour dire à son semblable, au moment même qu'il l'opprimait : *crie que tu es libre, ou je te tue*. C'est un acte de justice que l'on remplit ; car on est bien éloigné de confondre les hommes vertueux qui ont été séduits de bonne foi par une idée chimérique de liberté absolue, avec ces démagogues turbulens qui n'ont prêché l'égalité et la suppression des distinctions, que pour s'élever eux-mêmes au-dessus des autres et pour s'approprier des titres qu'ils trouvaient intolérables lorsqu'ils ne les possédaient point. Ce sont ceux-là seuls qu'on accuse ; ils sont heureusement en trop petit nombre, pour qu'on puisse voir en eux la masse de la Nation.

C'est donc inutilement que vous cherchez à nous effrayer, en plaçant indistinctement dans vos rangs tous les Français qui n'ont point quitté le sol de la patrie, et qui n'ont pu s'empêcher de prendre une part quelconque à la révolution ; vous ne nous ferez jamais accroire que la cause des anarchistes soit la nôtre, ni que l'opprobre dont se sont couverts quelques hommes odieux, doive retomber sur nous qui avons été ou leurs jouets ou leurs victimes. Nous avons été assez punis de notre crédulité, pour que nous ne soyons pas désormais en garde contre des suggestions perfides. Le piége que vous nous tendez est trop grossier, nous ne nous y laisserons point prendre ; nous voyons très-clairement dans quelle intention vous voulez nous insinuer qu'on n'attaque d'abord les grands coupables que pour flétrir ensuite toute la population de la France. Nous n'avons rien de commun avec eux ; car nous n'avons jamais signé de confiance, ou autrement, des listes de proscription. Nous ne voulons ni la licence ni la féodalité, et les Comités révolutionnaires ne nous conviennent pas plus que l'Inquisition. Si nous rétrogradons, c'est pour revenir à des institutions éprouvées par l'expérience des temps et fondées sur nos véritables intérêts.

Les guerriers ont été étrangers à tous les partis qui ont changé successivement le Gouvernement de la France ; ils ne combattaient que pour l'indépendance de la patrie, et ils ont soutenu l'honneur de leurs armes dans toutes les contrées où ils se sont montrés. Le Roi est fier de leurs triomphes, parce que comme eux il est Français, et qu'il est glorieux de régner sur une Nation qui a fait trembler toute l'Europe, et qui a excité l'admiration même de ses ennemis. Il connaît aussi bien que nous les beaux faits d'armes qui ont illustré nos armées ; il ne laisse jamais échapper l'occasion de prouver combien sa mémoire est fidelle à lui en rappeler le souvenir. Il n'y a pas un général, pas un officier, qui, en se présentant à lui, ne soit certain de recevoir de sa bouche l'éloge de la conduite qu'il a tenue dans telle ou telle circonstance. Les braves sont les plus fermes soutiens de son trône ; ce sont eux qui font sa force, c'est par eux qu'il est placé au rang des Souverains les plus puissans. Il les accueille dans sa cour, il aime à se trouver au milieu d'eux, et ses actions démontrent assez qu'il sait honorer la valeur et payer les services rendus à l'Etat pendant son absence.

Mais, répétez-vous sans cesse, *nous avons perdu tout le fruit de nos victoires, il ne nous reste rien de tant de trophées, on s'est empressé d'exiger la restitution de tout ce que nous avions acquis par nos travaux !* Il est reconnu généralement que les Souverains ont plus de penchant à étendre leur domination qu'à la réduire, et certes on ne peut supposer que le Roi ait refusé que la France fût augmentée de quelques provinces. Pourquoi donc lui adressez-vous continuellement un reproche aussi peu mérité ? A-t-on toujours conservé à la paix les conquêtes qu'on avait faites pendant la guerre ? Lisez tous les traités qui ont eu lieu entre les nations belligérantes, et vous serez convaincu que, lorsqu'elles ne se sont pas fait des cessions mutuelles, elles n'ont établi que des trèves passagères. Les peuples n'ont joui alors que d'un repos fatigant, par cela même qu'il était incertain.

Pourquoi encore cherchez-vous à faire entendre que la terrible coalition n'a été formée que pour remettre la dynastie actuelle sur le trône, tandis que vous savez aussi bien que nous jusqu'à quel point cela est vrai, et lorsque vous ne pouvez dissimuler que, sans la famille régnante, la France était perdue ? Au surplus, le résultat a été en notre faveur. Notre gloire est restée intacte, et nous sommes devenus ce que nous étions autrefois. Notre lot est encore assez beau pour que nous n'ayons rien à envier aux autres peuples.

La tranquillité intérieure n'est pas non plus compromise parce que quelques hommes, qui affectent de se dire la Nation, éprouvent le malaise d'une mauvaise conscience. Ils s'agitent pour rallumer les brandons de la discorde qui sont éteints depuis long-temps, et qui ne peuvent plus jeter même de faibles étincelles. Ils voudraient relever la bannière du Jacobinisme; mais elle est devenue un objet d'effroi pour tout le monde, et elle serait renversée aussitôt qu'elle se montrerait. C'est donc inutilement qu'on tâte le terrain et qu'on cherche à nous amorcer par les expressions pompeuses d'*idées libérales*, comme on nous a séduits par ceux de *liberté* et d'*égalité*; nous connaissons maintenant le mot d'ordre de la nouvelle ligue, et nous ne répondrons qu'à ceux de *Vive le Roi! vive l'honneur!*

Mais puisque, dans l'intention de nous intimider, vous donnez à entendre que les restes de ce parti, pour être dispersés, n'en sont pas moins redoutables, et qu'ils ont même repris depuis peu le sentiment de leur force, expliquons-nous avec franchise et voyons dans quelles dispositions se trouve l'esprit public, c'est-à-dire, ce que pense la majorité de la France. D'abord les habitans des campagnes sont tous dévoués au Roi, dont ils connaissent les principes de religion et de modération; la noblesse, par son institution, est attachée naturellement à ses intérêts, et elle ne laisserait pas que de faire une grande diversion contre les mécontens; ensuite, dans les villes, la classe ouvrière, l'actif commerçant, l'industrieux fabricant, l'honnête rentier, ont trop fait éclater leurs transports pour que vous puissiez vous dissimuler la satisfaction qu'ils éprouvent d'être débarrassés de tous les fléaux qui les accablaient; enfin, l'armée a pu peut-être s'enorgueillir d'avoir donné à l'État un chef sorti de ses rangs, mais elle commence à s'habituer à nos Princes; elle admire en eux les vertus guerrières de leurs ancêtres, et déjà elle est convaincue que, s'il fallait un jour tirer l'épée du fourreau, ils seraient dignes de la commander et de la conduire à la victoire. D'ailleurs, essentiellement obéissante, elle suivrait sans hésiter les ordres du Souverain et agirait contre les perturbateurs de l'ordre public. Voilà le parti du Roi; il se compose, comme vous le voyez, des quatre cinquièmes de la Nation.

Quels sont donc ceux qui sont en opposition avec l'intérêt général ? Quelques frondeurs qui, tout en convenant que la République ne peut subsister en France, voudraient cependant que le Gouvernement monarchique présentât les formes républicaines ; des gens qui se sont enrichis par des moyens peu honorables, et qui prétendent dans la société à une prééminence qu'on refuse de leur accorder ; des hommes qui sont mal fâmés sous le rapport de la probité ou des mœurs ; des ambitieux trompés dans leurs espérances, et qui, tout en décriant le Gouvernement actuel, n'ont pas laissé que de faire mille bassesses auprès de lui pour en obtenir des avantages personnels ; enfin, quelques fonctionnaires que l'état de paix n'a point permis de conserver en pleine activité, et qui ne sont point assez justes pour sentir qu'une nation ne doit point faire continuellement la guerre, ni s'épuiser en efforts inutiles lorsqu'elle n'a pas une injure grave à venger ou des droits sacrés à défendre.

Tout cela est peu de chose auprès de la masse prépondérante, et ne doit donner aucune inquiétude. La Vendée a pu, sans point central, sans argent, sans aucune espèce de secours, soutenir long-temps le parti royaliste ; que ne ferait-elle pas actuellement qu'elle est réunie à toutes les gardes nationales et aux troupes réglées, si une faction suscitait la guerre civile et voulait nous replonger dans le cahos dont nous avons eu tant de peine à sortir ? Tous les bons citoyens se rassembleraient autour du trône ; ils seraient supérieurs en nombre et en courage, et la victoire ne serait pas long-temps indécise.

Mais non, nous n'en viendrons pas à cette dure extrémité d'être encore forcés de combattre pour obtenir un repos dont nous avons un besoin si urgent. Les partis ne sont point en présence ; ils n'existent même que dans l'imagination de quelques individus qui s'alarment trop facilement. Si l'on est encore divisé d'opinion en France, c'est la suite naturelle d'une longue révolution, pendant le cours de laquelle chacun s'est formé des idées particulières sur la législation ; ce qui a produit une foule de demi-savans en politique, et l'on sait que cette classe, qui ne connaît que la moitié des choses, est la plus exposée à l'erreur.

Il n'y a plus maintenant que de légères nuances dans la manière de voir ; on est d'accord sur le point principal, c'est qu'il faut tenir à la charte constitutionnelle qui nous a été donnée par le Roi. Nous devons donc abjurer toute haine, oublier les fautes passées ; mais il convient en même temps d'insister sur les crimes qui ont été commis, afin qu'ils apprennent à nos fils, à nos derniers neveux, dans quel gouffre de malheurs et de calamités on se laisse entraîner, lorsqu'on s'écarte des principes de justice que la nature a gravés dans nos cœurs. C'est pour cela que, lors des prochaines élections, il sera bien essentiel de distinguer les hommes vertueux, paisibles et sincèrement attachés au Roi, à quelqu'ordre qu'ils appartiennent, de ces hommes qui ont déjà paru dans la carrière politique, plutôt sous des dehors brillans qu'avec des connaissances approfondies en législation et en matière d'administration.

La confiance renaîtra entre tous les citoyens lorsqu'on ne cherchera pas à les désunir. Ceux qui veulent être plus royalistes que le Roi et ceux qui penchent vers le système républicain, donnent dans des excès opposés et sont également dangereux. On doit se défier de tout ce qui est exagéré.

Notre Souverain a assez prouvé par ses actions qu'on ne devait pas douter de ses intentions, et il y a plus que de la malveillance à l'accuser de préférer à tous les individus de sa grande famille ces fidèles serviteurs qui ne l'ont jamais abandonné. Que penserait-on de lui s'il interdisait sa présence à ceux qui ont partagé sa mauvaise fortune ? L'ingratitude n'est-elle pas le plus grand de tous les vices ? Pourquoi nous-mêmes refuserions-nous de voir des Français dans ceux qui furent exilés ? en ont-ils perdu le caractère parce qu'ils ont supporté l'adversité avec courage et résignation ? En quoi donc ont-ils la préférence sur les autres ? les places dans l'armée, dans l'administration, dans l'ordre judiciaire, ne sont-elles pas réparties entre les citoyens de toutes les classes ?

La masse du peuple ne connaît pas, dites-vous, les généalogies et ne discute point les droits d'hérédité; elle juge qu'on a le droit de la gouverner lorsqu'on la gouverne bien. Cela n'est point exact. La tradition perpétue les faits historiques chez le peuple, plus que vous ne le pensez. Il n'y a point en France un enfant qui n'ait entendu parler de Henri IV et de Louis XVI, et qui ne sache que Louis-*le-Désiré* est leur successeur. Chez nous et chez les nations étrangères, il y a eu à la vérité des changemens de dynastie : mais ces époques ont toujours été marquées par des secousses violentes et par des événemens malheureux, qui doivent faire désirer qu'elles ne se renouvellent jamais; car, je le répète, tout ce qui nuit à la stabilité du Gouvernement est contraire à l'intérêt général.

L'ambition a été, dans tous les temps, le mobile des révolutions qui ont eu lieu; les peuples ont constamment été mis en mouvement pour des motifs apparens de bien public, mais il en existait d'autres plus réels qu'on n'avait garde de leur faire connaître. Il faudrait un volume pour démontrer cette vérité, en puisant les preuves dans l'histoire de toutes les nations ; je me contenterai d'indiquer pour exemple de ce que j'avance, la cause première de nos troubles civils. La liberté n'a été que le prétexte dont on s'est servi pour opérer un grand changement dans l'Etat. Ce n'était pas la République qu'on voulait, nous en sommes bien convaincus actuellement ; mais alors nous avons cru sur parole ce qu'on nous disait, et nous avons été dupes de notre bonne foi. Il en a été de même dans toutes les circonstances qui ont amené des révolutions, à quelque époque et dans quelque partie du globe que ce soit.

Je ne vous suivrai pas dans votre digression sur l'état de nature et sur l'état social. Je ne vous contesterai pas que le maximum de la prospérité nationale se trouve entre la *liberté absolue* et le *pouvoir absolu*. Rousseau et Montesquieu ont écrit d'une manière lumineuse sur ces différentes questions, et en ont fait des applications très-justes à toutes les espèces de gouvernement; c'est pour ne les avoir pas distinguées que nous avons si souvent dénaturé la pensée de ces grands publicistes. Cette partie de votre discours n'a rien de dangereux, elle ne paraît faire aucune impression; elle est en conséquence hors de mon sujet, et je passe au caractère que vous voulez donner à notre esprit national.

Vous désirez qu'il se porte parmi nous *vers l'amour de la grande propriété territoriale, qui renferme toutes les propriétés particulières, vers l'amour du sol pris collectivement*; c'est ainsi que vous vous énoncez. Il me semble que ces phrases, qui ne sont pas très-claires, signifient que nous devons nous attacher au sol, l'embellir, le rendre le plus productif possible, rester chez nous paisiblement, en un mot, devenir un peuple cultivateur.

Je ne vois pas par quelle raison nous abandonnerions aux autres nations le commerce et la marine. Pourquoi n'exploiterions-nous pas comme elles les différentes branches d'industrie ? pourquoi n'en créerions-nous pas même au besoin ? Nous avons prouvé autrefois que nous pouvions rivaliser dans plus d'un genre avec nos voisins, et il est de notre gloire, comme de notre intérêt, de soutenir toutes les espèces de concurrence. Le Français est d'un naturel léger, vif, inconstant, impétueux ; il ne pourrait s'assujettir à une vie casanière ; il ne pourrait renoncer à partager les succès que les entreprises hardies promettent à l'imagination, ni se résoudre à restreindre la sphère de son activité.

On peut modifier le caractère d'un peuple, mais non le changer entièrement ; nous sommes construits pour tout entreprendre, lorsqu'on saura nous exalter par un sentiment qui agit si puissamment sur nous, par celui de *l'honneur*. C'est-là notre mobile, c'est-là notre véritable esprit national. Il n'y a jamais eu en France d'équivoque sur ce mot, pris au singulier ou au pluriel. *L'honneur* et *les honneurs* sont dans notre langue deux expressions différentes, que nous distinguons avec une délicatesse qui n'appartient qu'à nous. Un homme a beau être chargé de décorations, avoir les titres les plus brillans, occuper les places les plus éminentes; s'il n'est pas homme d'honneur, il n'aura qu'une considération apparente qui n'en imposera à personne et sur laquelle lui-même ne se fera pas illusion. Lorsque François I.er se fit recevoir chevalier par un simple et pauvre Gentilhomme, il céda à l'ascendant de l'esprit national. C'est parce qu'il était éminemment Français, qu'il se crut honoré de tenir ses armes du plus brave et du plus loyal capitaine de l'armée.

Ce sentiment de l'honneur, qui est un fruit de notre terroir, doit être entretenu avec soin; c'est par lui qu'on portera les Français aux actions les plus généreuses. *L'honneur* est pour nous la pierre de touche de la vraie grandeur et de la sévère probité; il produit l'amour de la patrie, dont nous n'avons qu'une idée vague et que nous ne savons point définir autrement qu'en le confondant avec l'attachement au Souverain, dont il est inséparable dans un Gouvernement monarchique. Ceux qui veulent distinguer ces deux sentimens l'un de l'autre, n'affectionnent rien et croient se tirer d'affaire en mettant en avant un être métaphysique qui n'a aucun sens pour eux; car ils n'ont point assez de vertu pour aimer la patrie pour elle-même, abstraction faite de toute autre idée. Ainsi, puisque telles sont nos mœurs, on peut être assuré que quiconque aime le Roi et est fidèle à l'honneur, remplira ses devoirs de citoyen; on peut en douter de tout autre.

C'est aux Ministres à profiter des leçons que vous leur donnez à la fin de votre Mémoire, qui apparemment leur est aussi adressé; je crains cependant qu'ils n'hésitent à vous prendre pour guide, lorsqu'ils se rappelleront que, tenant dans vos mains une partie des rênes du Gouvernement, vous vous êtes laissé enlever, dans un instant et sans vous en douter, l'autorité directoriale dont vous étiez en possession. Ils penseront que, si, de votre aveu, vous avez erré dans un grand nombre de circonstances, vous pouvez vous tromper encore; et qu'alors ils ne doivent point s'en rapporter aveuglément à vous. Ils vous diront avec raison qu'ils sont bien éloignés de chercher à faire des ennemis au Prince et à jeter des semences de division dans tous les esprits ; qu'on ne doit attribuer cette intention qu'à ceux qui prêchent des doctrines dangereuses et qui veulent faire douter de la parole royale. Ils vous affirmeront encore qu'ils regardent la charte constitutionnelle comme le palladium de notre félicité, et que les deux Chambres n'y ont point porté atteinte en adoptant la loi qui arrête les abus de la presse.

Louis-le-Désiré, auquel la postérité ajoutera le surnom de *Sage*, sait mieux que nous ce qui nous convient : ayons un peu plus de confiance que vous n'en montrez, dans son expérience et dans ses lumières. Laissons-le faire, laissons le Gouvernement marcher tout seul sans vouloir le diriger ; la chose publique n'en ira que mieux, et la suite prouvera que le descendant du Roi de Navarre *n'a point manqué à sa parole*, lorsqu'il a promis de nous ramener les beaux jours de la France.

www.ingramcontent.com/pod-product-compliance
Lightning Source LLC
LaVergne TN
LVHW020047090426
835510LV00040B/1452